Flor de Canoeiro

Editora Appris Ltda.
1.ª Edição - Copyright© 2023 do autor
Direitos de Edição Reservados à Editora Appris Ltda.

Nenhuma parte desta obra poderá ser utilizada indevidamente, sem estar de acordo com a Lei n° 9.610/98. Se incorreções forem encontradas, serão de exclusiva responsabilidade de seus organizadores. Foi realizado o Depósito Legal na Fundação Biblioteca Nacional, de acordo com as Leis n°s 10.994, de 14/12/2004, e 12.192, de 14/01/2010.

Catalogação na Fonte
Elaborado por: Josefina A. S. Guedes
Bibliotecária CRB 9/870

S237f 2023	Santos, Ronie Flor de canoeiro / Ronie Santos. – 1. ed. – Curitiba: Appris, 2023. 63 p. ; 21 cm. ISBN 978-65-250-4268-8 1. Poesia brasileira. 2. Flores. 3. Canoeiros. I. Título. CDD – B869.1

Editora e Livraria Appris Ltda.
Av. Manoel Ribas, 2265 – Mercês
Curitiba/PR – CEP: 80810-002
Tel. (41) 3156 - 4731
www.editoraappris.com.br

Printed in Brazil
Impresso no Brasil

Ronie Santos

Flor de Canoeiro

Appris editora

FICHA TÉCNICA

EDITORIAL Augusto Vidal de Andrade Coelho
Sara C. de Andrade Coelho

COMITÊ EDITORIAL Marli Caetano
Andréa Barbosa Gouveia (UFPR)
Jacques de Lima Ferreira (UP)
Marilda Aparecida Behrens (PUCPR)
Ana El Achkar (UNIVERSO/RJ)
Conrado Moreira Mendes (PUC-MG)
Eliete Correia dos Santos (UEPB)
Fabiano Santos (UERJ/IESP)
Francinete Fernandes de Sousa (UEPB)
Francisco Carlos Duarte (PUCPR)
Francisco de Assis (Fiam-Faam, SP, Brasil)
Juliana Reichert Assunção Tonelli (UEL)
Maria Aparecida Barbosa (USP)
Maria Helena Zamora (PUC-Rio)
Maria Margarida de Andrade (Umack)
Roque Ismael da Costa Güllich (UFFS)
Toni Reis (UFPR)
Valdomiro de Oliveira (UFPR)
Valério Brusamolin (IFPR)

SUPERVISOR DA PRODUÇÃO Renata Cristina Lopes Miccelli

PRODUÇÃO EDITORIAL Jibril Keddeh

REVISÃO Andrea Bassoto Gatto
Nathalia Almeida

DIAGRAMAÇÃO Renata C. L. Miccelli

CAPA Sheila Alves

Ao meu filho Kadu e a toda sua energia Yang, que tanto me ensinam.

Agradecimentos

Agradeço a Amanda Campos por sua generosidade e sensibilidade, bem como a todos os meus familiares e amigos que sempre fortaleceram minha jornada de vida.

Quem respira com pureza por alcançar a suavidade
Pode tornar-se criança.
(trecho do Tao Te Ching)[1]

---

[1] CHERNG, Wu Jyh. **Tao te ching** – O livro do caminho e da virtude. 2016. Mauad. Disponível em: http://library.lol/main/34E592B072ED01EF2E012F776576CB77. Acesso em: 16 fev. 2023.

Prefácio

Confesso ter ficado honrada com o convite para prefaciar este livro por não ser poetisa e, embora, às vezes, arrisque umas ideias no papel, elas sempre acabam arquivadas e logo esquecidas. Talvez meu fascínio pela arte como amante e leitora assídua seja minha credencial.

Poesia representa o desnudar da alma e o prazer no gosto pela palavra que nos atravessa, com uma doçura e uma exatidão que asfixia e, ao mesmo tempo, traz aconchego, morada; que cura e transforma, podendo ser comparada a uma flor que, embora possa ser questionada quanto a sua fragilidade e até mesmo utilidade, abriga o melhor dos perfumes e a maior das belezas, dá vida e transforma tudo por onde passa.

A poesia tem esse poder, simboliza e traz significantes ao inconsciente, transmite saberes e dizeres em suas entrelinhas, expressa e transforma quem a ela se entrega. É, sem dúvida, a melhor, se não a única, forma de expressar verdadeiramente o mais íntimo do ser.

É esse transformar que a obra retrata, quando o autor decide dar continuidade a uma caminhada iniciada em *Eus e Traços e versos*, inspirando uma nova trajetória, apresentando, por meio dos poemas, sua ressignificação pessoal e a possibilidade de transformar quem a ela também se entrega.

Amanda Campos

Psicóloga e Psicanalista

Apresentação

Em abril de 2007, aos 24 anos, inicio minha jornada poética lançando *Eus*, publicação impressa com tiragem simbólica, apresentando 40 poemas escritos desde a adolescência. Cinco anos depois, em novembro de 2012, publico *Traços e versos*, com 71 poemas e crônicas que, de algum modo, continuavam a caminhada iniciada em *Eus*.

Alguns textos do primeiro trabalho foram mantidos, outros reformulados e muitos acrescentados. Com tiragem mais expressiva, essa obra possibilitou eventos de lançamento em Fortaleza/CE, Uberlândia/MG, Prata/MG e Iguape/SP. Portas e portais se abriram em muitas viagens e encontros, que continuam reverberando.

Hoje, aos 39 anos e 10 anos depois de *Traços e versos*, e mesmo tendo uma produção escrita suficiente para lançar outro trabalho inédito, surge por *insight* a ideia de concluir a trilogia, compilando e reescrevendo o material dos trabalhos anteriores.

Passei a revisitar os poemas e as crônicas e reescrevê-los por impulso, tal como hoje os percebo. Foi bastante interessante observar que alguns textos venceram o tempo e aqui estão como apresentados 10 ou 15 anos atrás, enquanto outros foram reescritos. Curiosamente e por coincidência sincrônica, *Flor de canoeiro* é composto por 40 textos, a mesma quantidade do primeiro trabalho, indicando, de algum modo, um retorno. De fato, o tempo traz a concisão e a transformação sintética.

Hoje vivencio a experiência sublime de conviver com meu filho, Kadu Henriques, de 5 anos, rejuvenescendo a criança em mim, um adulto vivendo em tempos tão desafiadores à razão e ao bom senso.

O espírito da busca pelo essencial permeia este livro, uma busca que visita sempre os lugares mais profundos de si próprio. É lá que está a chave para a verdadeira compreensão e transformação daquilo que se é, daquilo que se vive, e talvez o principal: por quê.

Sumário

ALVORADA 16

POESIA 17

SER ARTISTA 18

CIDADE GRANDE 19

PALAVRAS 20

CAMALEÃO 21

MATEMÁTICA 22

A FLOR 23

O OUTRO 24

PRESENTE AUSÊNCIA 26

O PENSAR 28

CONCURSO LITERÁRIO 29

ENIGMA 112 30

MULHER 31

ROSA-DOS-VENTOS 32

ALÉM 33

RETRATO 34

INSTINTIVO 35

ABRIGO 36

ALGUÉM AUSENTE 37

NOTURNO 38

BOÊMIO 39

NECESSIDADE DO TEMPO 40

REENCONTRO 41

QUEM DIRIA? 42

BAILE DE MÁSCARAS 43

DOIDOS VARRIDOS 44

MARCAS 45

PARADOXAL 46

LIBIDO 47

INQUIETAÇÃO 48

DESVARIO 49
PÓSTUMO 50
ORAÇÃO A ALGUÉM 52
TEATRO DA DOR PROVOCADA 53
TRISÁGIO 55
INVERNO 56
ENGANO 57
UM POEMA AO PORVIR 58
VIVER 59
FRACTAIS 60
REFERÊNCIAS..62

ALVORADA

Não estamos sós!
Eis a boa notícia
Ditada de improviso
O que hoje é pungente
Amanhã será riso

POESIA

Não é poesia o que se pretende
Repousa acima dos homens
Envolta em sagrado mistério
Não são versos nem rimas

Talvez um viver transmitido
Tão pleno de quase sentido

Talvez um sonhar inocente
Enquanto transcorre o dia

Talvez o que se tenta alcançar
E se perde no caminho

SER ARTISTA

Seres de almas diversas
Somos a felicidade descoberta
No riso estampado na face
Porque ser humano dói
Porque a guerra mata
Porque a fome mata
Porque o corpo adoece

Mas nos moldamos arte
No eterno circo reinventado
Palhaços, bailarinos, equilibristas
Maiores que a dor e a vida
Criamos o nosso espetáculo
Somos artistas

Flor de Canoeiro

CIDADE GRANDE

Na madrugada leio poesia
Enquanto os ruídos respeitam a arte
E até mesmo os vizinhos
Paz interior

Nem o telefone arrisca
Soar invasivo
E se toca, meu Deus!
É notícia ruim
Sabe lá de onde
Sabe lá de quem

Hoje o silêncio é absoluto
Mas se canta um galo (do vizinho)
Tudo que era paz
Retoma sua forma atrevida
Acordando meu desejo
De viver no interior

PALAVRAS

a Carlos Drummond de Andrade

Circundo, tênue correnteza
Teu universo de pedra trabalhada
Pedra de ara, filosofal
Teus muros de pedra e cal

Persisto, sou lago em redor
Banhando a desconhecida forma
Lentamente desvendo segredos
É quando te sinto mais forte
Castelo em alerta, defendes
Teu uno e tão vário metal

Ataques em silêncio
Palavras
Esquivas
Palavras
Fugas
Palavras
Castelo inundado, navegas

D-R-U-M-M-O-N-D

CAMALEÃO

Ao sábio
Um sábio
Ao leigo
Um leigo
Compreender
Compreender-se

MATEMÁTICA

$$I + I = I$$
$$I \times I = I$$
$$I - I = 0,5$$
$$I + 2 = \emptyset$$
$$I \div I = \,?$$

Flor de Canoeiro

A FLOR

Em um canto da cela nascia uma flor. Mostrava-se enigmática, não era local para o surgimento de tão sublime natureza. E nem era tempo de flor. No entanto crescia impassível, demonstrando indiferença às gradarias que lhe faziam companhia. Se quis nascer ali, se naquela época, não é possível saber.

Às vezes não regavam, às vezes não chovia, mas a flor crescia com inabalável formosura, como se desafiasse a normalidade. Acreditavam que não suportaria aquele contexto que afrontava sobrevivências.

Mas cresceu. Fez-se árvore de beleza exótica, dispersando ramos por toda cela, para além das grades, e não mais estaria presa. Há quem diga que nunca estivera.

Algumas sementes caíram do galho mais alto, fora da cela, e certamente nasceria outra flor. Aparentemente livre de desafios, porém comum e frágil.

Suas pétalas não suportariam o vento forte e constante que soprava do lado de fora.

O OUTRO

Havia profundidade em seus versos, textos, melodias e arranjos. Alguns sentiam e, às vezes, comentavam. Os mais sensíveis, já que sensibilidade parecia não pertencer a todos. Disso não sabia.

A propósito, procurava não prolongar pensamentos sobre os quais considerava impossível expressar opiniões lógicas e coerentes, mesmo sabendo que tal lógica e tal coerência só existiriam nele mesmo, assim como em cada outro indivíduo.

Definia o outro como sendo qualquer universo próprio, com suas formas, vontades e, talvez, vida. O outro era o subjetivo, o que se mostrava cada vez mais evidente.

Aos poucos silenciava.

Flor de Canoeiro

Silenciava frente à inacessibilidade de seu vínculo com o outro, sua necessidade e sua utilidade, nunca totalmente desvendadas.

Silenciava religiosamente, fácil e óbvia forma de silêncio. Aprendera cedo que certas perguntas jamais teriam resposta. A crença induzia à existência, mas não satisfazia. Poderia especular, como normalmente se faz, mas preferia calar. Às vezes até arriscava-se falando um pouco mais, até repreender-se mentalmente e decidir que na próxima ocasião silenciaria. E cumpria.

Afinal, com si mesmo tudo era simples e óbvio. Com o outro também. Mas ouvia o outro unicamente quando ecoava de algum modo em si, jamais diretamente, e aos poucos silenciava.

Silenciosamente caminhava para dentro de si, um abrigo compreensível.

PRESENTE AUSÊNCIA

Atravessamos solitariamente todas as fases da existência, mesmo que nos relacionando.

E, às vezes, não se sabe o que fazer com a solidão que a presença do outro traz.

Pode-se permanecer por tempo indeterminado, e a companhia de si mesmo até explicaria relações duradouras.

Inexplicavelmente, como faz falta sua ausência.

Talvez porque fisicamente tudo seja hábito e o corpo não reconheça a diferença entre uma dose de uísque e um abraço apertado; simplesmente deseja, a não ser que a constância do não ter aniquile o desejo. Chamam a isso de tempo. Substituo por ausência e silêncio.

Flor de Canoeiro

E aí se justifica o não estar, o não ouvir falar, o não saber, como se nada houvesse acontecido e fôssemos meros desconhecidos.

Mas como, depois de tanto?

Acaba-se sempre acumulando, seguindo a vida com aparente maturidade, achando que da próxima vez poderá ser diferente. Mas o ideal de maturidade é uma perigosa farsa, uma conselheira que nos aguarda implacavelmente num tempo futuro próximo para dizer que não éramos maduros quando pensávamos ser, e que não viremos a ser.

Somos sempre o novo, bem sei, mas como faz falta sua ausência...

O PENSAR

O pensar é uma terra sem lei, habitada por anjos e demônios, ora em ritual sublime, ora numa arena, rumo ao infinito. Ao efêmero pensar se impõe registrar.

Registrar o pensamento é fotografá-lo, com as cores e as formas apresentadas no exato instante do flash. O pensar é um flash.

Liberta-se de seu retumbar nas paredes do crânio em busca de liberdade para repousar em tempo estático, sujeito ao envelhecimento das páginas, à espera de leitor.

Um escritor é tal qual um cultivador do absurdo, quando escreve o que para ele pode não ter existido para além daquele ímpeto. É quando buscar o poeta é negar sua obra e vice-versa.

Mas há quem se mantenha fiel ao pensar registrado, levando consigo o peso de todo o pensar eterno.

Flor de Canoeiro

CONCURSO LITERÁRIO

Naqueles dias não soava tão má ideia a participação no tal concurso literário.

Encontrei tempo para adequar-me ao que pedia o certame, revisando todo meu material poético. Restava a expectativa de assistir à solenidade que premiaria a obra vencedora, curiosamente no dia de meu aniversário.

Movido pelo desejo de vencer, visto-me com a máxima seriedade que meu desleixo estético permite e direciono-me ao local do evento, chegando cedo.

Assisto atentamente aos discursos introdutórios até que, no ápice da minha ansiedade, anuncia-se o vencedor. Sobe ao palco um poeta, desses de verdade, que há tempos não via. Em seu discurso, poesia. Em sua serenidade, poesia. Em cada tom de seu improviso, poesia.

Deixo o teatro poetizado, meus passos construindo palavras com todas as nuanças antes adormecidas, versejando livremente pelas ruas e agradecendo a existência dos poetas.

Venci.

ENIGMA 112

Passos no piso de madeira
Ao ritmo do seu caminhar
Suave bailar se aproxima

Descendo as escadas
Sozinha
Paredes a te observar

E eu, instinto felino
Num ímpeto aguço os sentidos
Tentando desvendar você

MULHER

Se pra se ter
É preciso querer
O que ao homem não carece
De um quê

Se pra se ouvir
Basta olhar e saber
Entrelinhas escancaram
Teu ser

Mesmo assim
Quase sei
É você quem sabe de mim
Mulher

ROSA-DOS-VENTOS

Enquanto amargam paixões
E buscam encontrar
Enquanto filhos dos pais
Sorrindo se entrega ao momento
És filha da rosa-dos-ventos

Ah, menina...

Se seguem teus passos, desdenhas
Acaso sabes teu rumo?
Conheces a próxima esquina?

Bem sei que não é teu desejo
Singrando por mares noturnos
Concebes teu único arbítrio

És sempre tu
Nunca a mesma
Sorrindo por dentro
Ensinas a teu professor

Ah, menina...

Quando fores de outro plano
Nascerão nas noites tristes
Sob um luar jamais visto
Flores belas e indecifráveis
Tal como fostes um dia

Flor de Canoeiro

ALÉM

Só vou converter-me em brisa
Se a mim tu puderes sentir
Sairmos, mãos dadas na praça
Eu, forma incerta esvaída
Tu, imagem de Euterpe

Serei o orvalho noturno
Escorrendo em prantos à tua janela
A verve que te faz criar

Tamanha tortura seria
Tornar-me insensível a ti
Que morreria mais e mais
Até não houvesse vestígio
Nem sombra de meu intelecto
Que aos meus desvarios recordasse
Que um dia estivemos tão perto
Meio corpo de luz separando
Eu, poeta de águas calmas e revoltas
Tu, espelho da perfeição

Por isso não morro por ti
Desfaço-me em versos
Refaço-me em sons
Que finde primeiro a esperança
Que tudo ao redor se disperse
E os deuses me concedam
Sempre um dia mais

RETRATO

Retrata-me no branco de uma folha qualquer
Enquanto me pensa
A seu modo

Faz-me sorrindo, se preferir
Mas fique por perto
Mal desvia o olhar
E já sou todo saudade

Aprisiona-me em seus traços
Feição sofrida, olhar profundo
De quem viu a vida no sertão
No mar, na estrada, nas pessoas
(quanta vida há nas pessoas?)

Retrata-me a seu modo
Que outro não desejo ser
E guarda num cantinho especial
Esses traços que vislumbraram vida
Por suas mãos

Flor de Canoeiro

INSTINTIVO

Perfume natural
Suor
Palavras molhadas
Olhar sedutor
Respiração
Calor
Carícias apaixonadas
Em cenário secundário
À luz da escuridão

ABRIGO

De nada vale saberem
O quê e quanto temos dito
Que nos sabemos e sentimos
Nossos são os lábios, as palavras, o anseio
Em toda sua amplitude

Lá fora somente impressões não vividas
Palavras ouvidas, beijos vistos
Um sentir alheio que não se pode alcançar

De nada vale saberem
O que temos nos abriga por inteiro
O que se perde dentro em nós está

Flor de Canoeiro

ALGUÉM AUSENTE

É como se os melhores locais dispensassem companhia
Certa necessidade de silêncio e isolamento
À meia-luz
Canto distante de ave desconhecida
Mas é exatamente quando mais desejamos certas pessoas
E mesmo que estivessem ao nosso lado
Não sentiríamos tamanha presença

NOTURNO

Um instante de solidão
E penso que já não existo
E nessa eterna dívida
"Estou bem"

Não quero o amanhã que outrora vi
Mas de algumas pessoas desejo
Uma eterna repetição
Sorrisos, olhares
Palavras e gestos
Principalmente quando algo em mim se transformar

Eis meu apelo
Fruto de tua ausência noturna
Porque noite é quando as almas sofrem
E os corpos procuram abrigo

Flor de Canoeiro

BOÊMIO

Olha
Vou partir no escurecer
Seu ego vai desfiar
Numa melodia soturna
Cantando em mim
Compondo em tom menor

Olha
Amanheço por aí
Vai ouvir falar
Duma canção que se fez
Com seus traços
Seu quase sempre estar

Mas falta uma melodia
Faltam uns versos
Canção incompleta de ti

NECESSIDADE DO TEMPO

Tenho medo de não ter tempo

O pouco que sei é desta vida
Do que sou por dentro
Do que se faz você
E do todo que somos

Medo de não ter tempo

O pouco que sei é do instante
Transcrevo o todo poético
Instrumento de algum anjo
De universo desconhecido

Medo de não haver tempo

O pouco que sei é do amargo
Que a mim somente aflige
O pouco que sou lhe dedico
E me completo

Flor de Canoeiro

REENCONTRO

Precisei de algum tempo
E outro universo
Para que voltassem meus traços
À tela por si preenchida
Para que me lessem seus versos
Eu, você e a vida

Precisei de alguns passos
Trôpegos e desalinhados
Para que pudesse meu medo
Tua coragem abraçar

Precisei de um espelho
Implacável e constante à face
Para que encarasse meu olhar
De bicho desconfiado

Precisei de umas esquinas
Mulheres com vida difícil
Para que o corpo sentisse na pele
Nenhuma história é fácil

Alguns tempos são necessários
Mas poesia profetiza
Voltam amigos distantes
Morrem saudades sentidas
Num abraço de reencontro
Eu, você e a vida

QUEM DIRIA?

Quem diria
Que por mim velaria
Por todo instante e direções
O brilho envolvente em teus olhos?

Quem diria
Que outras noites não haveria
Sob formas infindas
Tudo se repetiria?

Ninguém saberia
Que a soma de cada viagem
De cada inseguro passo
Fosse tecer em meus olhos
Vestígios de tua imagem

Ah, hoje eu sei!

Flor de Canoeiro

BAILE DE MÁSCARAS

Um brinde aos que sabem mentir!

O egoísmo vestiu-se de amor
Fez planos de se declarar
A paixão foi vestida de arte
Encenou tão perfeita tragédia
Que a morte sentada ao piano
Jurou ser também personagem

Um brinde aos que sabem fingir!

A piedade vestida de afeto
A todos no baile agradava
O interesse vestiu caridade
Deu vinho e bondade aos presentes

E todos se embriagaram...

E lá pelas tantas da noite
Dançavam despreocupados
Se vissem no outro outra face

Já perto do baile acabar
Bêbados, nus e sem máscaras
Gozavam a felicidade
Não tinham receio algum
No dia seguinte, já sóbrios
Ninguém se lembraria de nada

DOIDOS VARRIDOS

Subconsciente ausente
Não imagina, sente
Transmite
Sem sentido sapiente
Com um "quê" de normais
Somos doidos varridos

MARCAS

A marca deixou uma marca
Difícil de cicatrizar
A moda lançou outra moda
Não nos deixam em paz

PARADOXAL

E se ouvissem meu grito?
Seria o estertor de um insano
Lamento profano
Por louco tomado

E se vissem minh'alma caída?
Dispersa no chão
Ao olhar indulgente
Mais triste visão

E como, afinal, há beleza
Nos versos que escreve o poeta?
Se é dor o tempo todo, tristeza
Se é chaga que nunca se fecha?

Flor de Canoeiro

LIBIDO

Uma noite de sexo
Ao corpo sem nexo
Sem limites me aqueça o calor

Tudo se é permitido
Se a boca não fala ao ouvido
Nada existiu, amor

Relaxa num vinho e se entrega
À dança moderna sem regras
Ao *blues* de que sou o autor

Que toda a cidade descansa
E o grito de orgasmo não passa
De um som abafado na esquina

Que a vida bem cedo nos leva
Depois do café com amor
E um abraço de despedida

INQUIETAÇÃO

Eu pensando no significado de certas situações
Ora compreensível, ora insensato
Alternância aleatória
Enquanto o significado, per se, permanece uma mesma forma
Invariável e inacessível
O problema é todo meu

DESVARIO

Aceita a loucura enquanto parte de sua extensa e desconhecida normalidade. Se joga, sorri, vive, transgride.

Então perde o controle, chora, nega, vê que a loucura vivida encontra poucos abrigos.

Pensa e se percebe só, em silêncio.

Jamais saberiam quantas lágrimas ainda verteriam daquela face, que sonhou e quis voltar.

PÓSTUMO

A última poesia não foi escrita
Perdeu-se no divagar
Do último dia, igual
À última tarde
Que se tornaria noite
Inevitavelmente

O último abraço não foi dado
Perdeu-se entre tantos
Encontros vulgares
Tão mesmos
Que se tornariam brisa
Inevitavelmente

O último beijo não foi dado
Perdeu-se em outras bocas
De mesma saliva
Verteriam lábios secos

Flor de Canoeiro

As últimas palavras não foram ditas
Partiram com o pensamento
Que não costuma ser dito
Transformado em versos
Sem tempo, vida e sentido

O último olhar existiu
Diálogo de luz e silêncio
De um modo distinto
Àquela mesma noite
Que se tornaria dia, tarde, noite
Tardia

ORAÇÃO A ALGUÉM

Bendito seja lá o que for
Que protege nosso telhado de vidro
Desvia a trajetória do tiro
Por meu coração sequioso
Agora desculpas não cabem
Não quis me criar imperfeito
Mas tenho que andar com firmeza
Caminhar sempre e sempre
E crer no fracasso dos suicidas

Flor de Canoeiro

TEATRO DA DOR PROVOCADA

Dois dias de exílio
Num quarto de hotel
Estancam as lágrimas
E as canções trágicas

A porta terrivelmente fechada
O quarto agonizante sem ar
E em pouco a empregada
Com outra cerveja gelada

Sofreu por dois dias
Amanhã precisa dissimular
Esquecer sua fraqueza
E que ostenta um crachá

Tudo soa moderno, menos a sua dor
Obsoleta, antiquada
Não há romantismo
O tempo consome

Ainda insiste...

A mulher da sua vida partiu há séculos
Adorava flores, sem tê-las recebido
Nunca teve alguém
Suicidou-se em 1634

Insiste...

O limbo não mais lhe pertence
As paixões têm preço definido
Melhor viveria num museu
Os cemitérios são todos iguais
E estão lotados

Flor de Canoeiro

TRISÁGIO

Dentro em mim um cemitério
Repleto de seres, ideias
Tão absurdos quanto reais
Por quem oro quando recordo
Pela paz em seus funerais

INVERNO

Chopin é o inverno em si
Espírito uivante do sul
Habita as tardes cinzentas
E noites de melancolia

Já ouço tua voz taciturna
Em dias sombrios e sem vida
Dispersa nos pingos da chuva
Melodicamente caindo

Apraz-me tão bela presença
Podemos por tua existência
Sofrer sob a paz do prelúdio

Flor de Canoeiro

ENGANO

Malditos poemas de amor
Aos tantos perdidos nos livros
Amor-devaneio-fictício
Quimeras e adjetivos
Quisera-se livre, inverso

Malditos poetas do amor inaudito

Mais vale o espaço ao redor
Que o enredo ilusório das frases
O encanto que o verso irradia
Não é nunca foi o amor
Talvez um sorriso trocista
Zombando do solitário

Autor

UM POEMA AO PORVIR

Enquanto o inverno sobre tudo desfia
Serenidade, frio e inspiração
Repousam poemas
Eu não...

Colherei versos maduros?
Haverá maturidade num livro
Páginas amarelecidas
Quando eu, de rugas e paixões repleto
Reconhecer-me pai de meus versos?

Flor de Canoeiro

VIVER

Tudo pelo caminho do meio
Nada pelo meio do caminho

FRACTAIS

QUADRO

A razão é uma obra sem arte

LEITURA

Quem lê Paulo
Leminski

HOW MUCH?

Toda beleza tem seu preço

DISTÂNCIA

A ausência reforça a presença do que de perto estaria distante

SEM-VERGONHA

Algumas vezes, envergonhei-me com o que escrevi. Até que, lendo o que escreveram, não pude deixar de notar o quanto são sem-vergonha

Flor de Canoeiro

PROBLEMÁTICA

Temos um problema quando passamos a conhecê-lo e considerá-lo como tal

FANTASIAS

Alguns sonham, mas quando acordam já é noite

PAIXÃO

Ter razão é dispensável
Tua presença, não

PARAÍSO

O melhor lugar do mundo é onde podemos estar quando sentimos vontade

ACASO

Gosto dos livros que me vêm sem que os esteja buscando, trazem sempre um mistério a ser desvendado

REFERÊNCIAS

SANTOS, Ronie. *Eus*. Rio de Janeiro: Câmara Brasileira de Jovens Escritores, 2007.

SANTOS, Ronie. *Traços e versos*. Fortaleza: Expressão Gráfica e Editora, 2012.

NOVAIS, Eduardo Melo. *O grito elétrico – Rock e filosofia – Coletânea de artigos e notas*. Minas Gerais: Edibrás, 2022.

CHERNG, Wu Jyh. *Tao te ching – O livro do caminho e da virtude*. 2016. Mauad. Disponível em: http://library.lol/main/34E592B072ED01EF2E-012F776576CB77. Acesso em: 16/02/2023